MANNO!

ALLES GENAU SO IN ECHT PASSIERT

mein famili mein ganze fam
ili mein ganze zwei drei und
mein vier und fünf und zwei und ein
mein famili wie wundersam

(Ror Wolf)

Anke Kuhl

MANNO!

ALLES GENAU SO IN ECHT PASSIERT

Klett Kinderbuch

Für Eva

DIE BRILLE

Meine Schwester Eva kneift dauernd die Augen so komisch zu.

Also gehen wir zum Augenarzt.

3
So, guten Tag, die Damen!
Du bist die Eva, richtig?
Sie kneift seit einiger Zeit immer so die Augen zusammen.

Verstehe. Dann lass mal sehen!
Augen weit auf, bitte und NICHT blinzeln!
Mit der Stirn bitte mal ganz nah ans Gerät gehen und das Kinn auflegen!
Prima machst du das!

Also, das sieht mir nicht nach einer Sehschwäche aus.
Aber die Augen wirken ziemlich überanstrengt.
Liest das Kind viel?
Permanent!
Wahrscheinlich nur ein vorübergehender muskulärer Tick.

Achte auf genügend Schlaf und gönn deinen Augen mal eine Pause!
Jetzt will ICH mal auf den Stuhl da!
Aber Änki, du siehst doch sehr gut!
MANNO, trotzdem.
Bitte schön, das Fräulein...
Hm...
Wir testen mal deine Sehkraft.
Au ja!

Siehst du die Es da? Sind sie auf Grün oder auf Rot schwärzer?
Äh, auf Grün?
Und jetzt?
Jetzt isses gleich.

In der oberen Reihe: wo ist das E jeweils offen?
unten, oben, oben, rechts, unten
Und in der unteren Reihe?
Äh – weiß nicht, oben? Nee...
So besser?
Dreh, schraub
Alles gaaanz scharf jetzt!
Ihre Jüngste hat eine starke angeborene Kurzsichtigkeit und Astigmatismus.

Du brauchst auf alle Fälle eine Brille!
YIPPIE!!
Du bekommst jetzt ein Rezept und dann suchst du dir beim Optiker eine schicke Brille aus!
Auf Wiedersehen!
Wiedersehen
Beim Optiker finden wir eine Brille, die mir richtig gut gefällt.
DIE ISSES!

Es ist wie Zauberei! Die Flugzeuge über unserem Garten kann ich jetzt nicht nur hören, sondern auch sehen!!

Und in der Schule kann ich die Buchstaben an der Tafel lesen!

Aber das Allerbeste ist: Ich kann auf einmal die Leute im Fernsehen richtig gut erkennen!

Meine Lieblingsquizshow „Am laufenden Band"

Ich verliebe mich in Rudi
und in Gregory Peck,
in Willy Brandt
und in Michel aus Lönneberga!
SO EINE BRILLE IST WAS GANZ WUNDERBARES!

GÖBELS BOXER

Göbels in der Spessartstraße haben drei Boxer.
Sie sind ziemlich böse, deshalb hat Herr Göbel den Zaun vor dem Eingangstor mit Platten verstärkt, so dass man sie nicht richtig sehen kann (und umgekehrt).

Wenn ich mich dem Grundstück der Göbels nähere, <u>bete</u> ich, dass die Hunde nicht im Hof sind. ABER SIE SIND IMMER DA!!! Kaum haben sie mich gewittert, höre ich sie angaloppieren ...

Ich versuche alles, um unbemerkt zu bleiben...

Was ich auch tue – das wütende dreiköpfige Boxermonster kann mich <u>riechen</u>. Es wird den Zaun einrennen oder drüberspringen und mich <u>fressen</u>!

EN GARDE!

Hast DU dir meine neue Unterhose mit den türkisenen Pünktchen gegrabscht?

Ich?
Nö.
Wenn ich DIE bei dir finde...!
HEH! Hör auf!

Dann rück sie raus!!
Die is echt nicht in meinem Schränkchen.
Sondern?
Hast du die etwa an?
HOSEN RUNTER!
LASS MICH!
AHA!

ZACK
AUAA!
Hiergeblieben!
Na warte...
ZWISCH
MAAMMI!!!

WUMM

KLACK
ruckel
ruckel
Im Klo einschließen ist feige!!
hämmer
Na, irgendwann musst du ja wieder rauskommen...
Ich hab Zeit...
Aber dann gibt's fürchterlichen Ärger!

klick
klack
AIIIIH!
ZACK

Hahaaa!!
Du bist sooo eklig!
SCHNAPP

EN GARDE !
ZACK
ZAP

TOUCHÉ!
HÖRT SOOFOOORT AUF!
SEID IHR VON ALLEN GUTEN GEISTERN VERLASSEN?
DAS IST DERMASSEN WIDERLICH!

Bringt auf der Stelle die Klobürsten dahin zurück, wo sie hingehören!
KICHER
PRUST
Und wascht euch die Pfoten!!
EKELHAFT.

HAHAHA HIHI HAHAHI
HICHICHRRCHIHIHIHA
Aber meine Unterhose will ich wieder haben!!!
Du darfst dir solange eine von meinen aussuchen, okay?
Na gut...
Aber von deinen GUTEN!
jaja.

Die da!
DAS IST SO GEMEIN! DU WEISST GENAU, DASS DAS MEINE LIEBLINGS IST!
Heul doch.

SCHLIMME GEDANKEN

Ab ins Bett mit den Äffchen jetzt.
die gesamte Oberfläche verbrannt und.
Zähne putzen, umziehen... Ich komm dann noch Gutnacht sagen.
unvorstellbare Zeiträume

Seid ihr so weit?
Ja!
uuUnd Ärmchen....
KLAPP!
Noch EINE Frage!
Wieviele Bazillen passen ins Weltall?
Hahahahoho... heute vielleicht ausnahmsweise mal ne andere Frage?

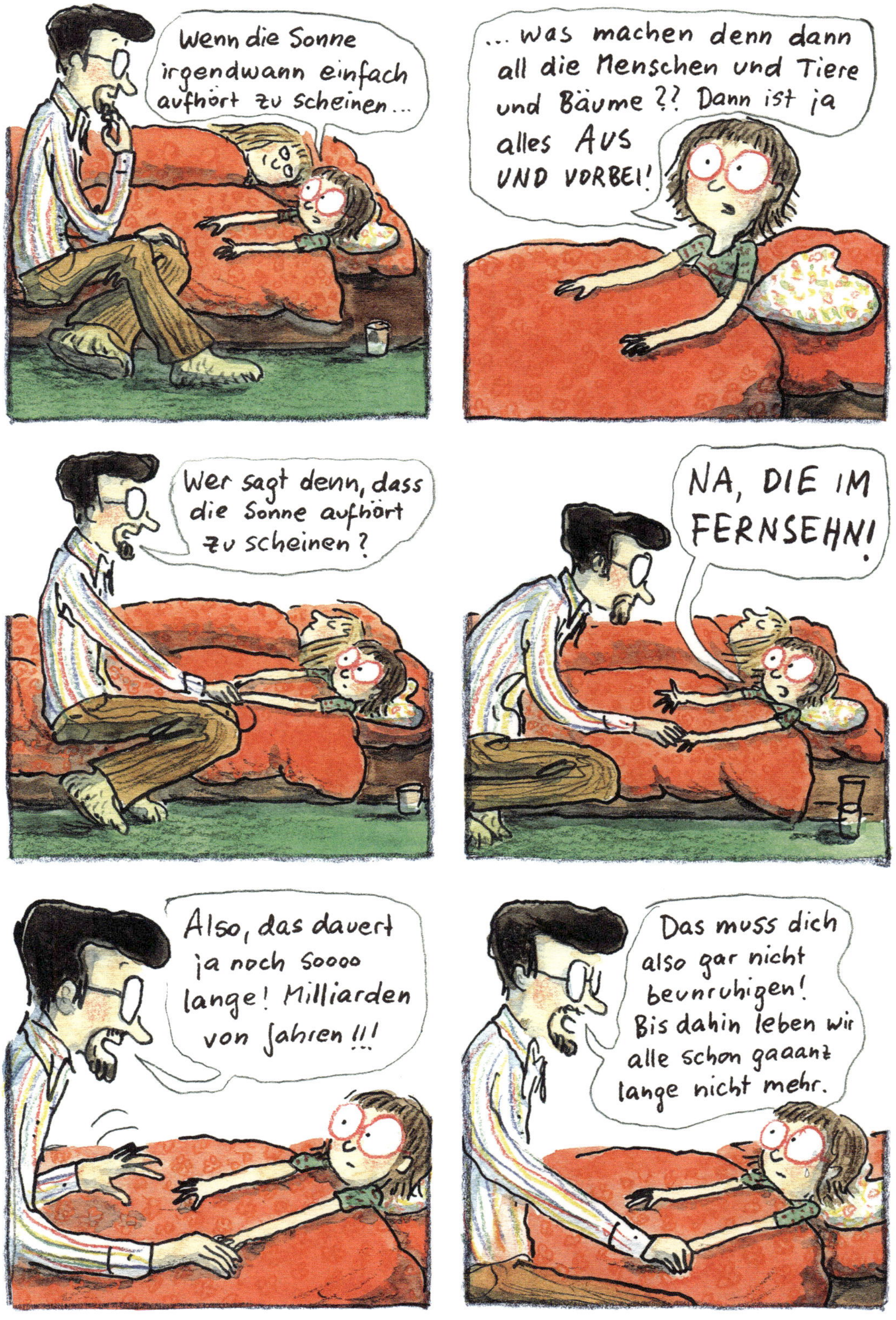
Wenn die Sonne irgendwann einfach aufhört zu scheinen ...
... was machen denn dann all die Menschen und Tiere und Bäume ?? Dann ist ja alles AUS UND VORBEI!
Wer sagt denn, dass die Sonne aufhört zu scheinen?
NA, DIE IM FERNSEHN!
Also, das dauert ja noch soooo lange! Milliarden von Jahren!!!
Das muss dich also gar nicht beunruhigen! Bis dahin leben wir alle schon gaaanz lange nicht mehr.

So, und jetzt besser nicht mehr darüber grübeln.
Schlaft schön, ihr zwei!
SCHMATZ
Bis morgen …
KLICK
Tür lass ich auf.

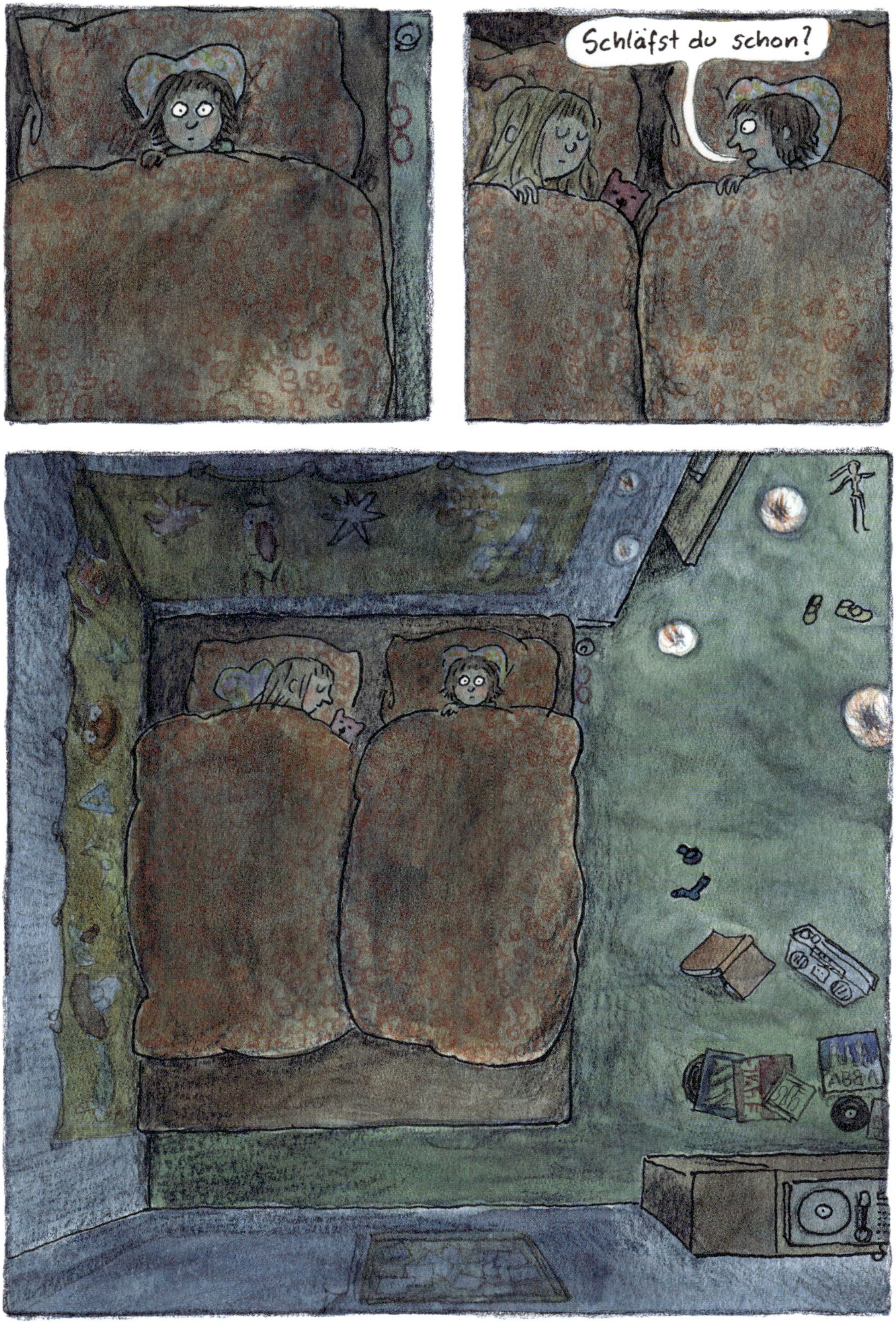
Schläfst du schon?

in Milliarden von Jahren
da leben wir alle schon gaaaaanz lange nicht mehr
menschliches Leben auf der Erde unmöglich
ist die Sonne dann nur noch ein kalter, dunkler Himmelskörp
UNENDLICHKEIT
ALLES AUS UND VORBEI
bläht sich die Sonne auf zu einem Roten Riesen
gesamte Oberfläche der Sonne verbrannt

15 Millionen Grad Celsius
Klick

Kann ich hier schlafen?
Hast du was Schlimmes geträumt?
Nee, Schlimmes gedacht.
Kratz kratz
Schlaf gut jetzt.
Du auch.

OPENOM

Opa und Oma wohnen mit uns im Haus. Sie gehören so sehr zusammen, dass wir ihnen einen gemeinsamen Namen gegeben haben:

Sie tragen manchmal Hüte!

Sie stammen aus dem Egerland, deshalb sprechen sie oft Dialekt. Openom haben viele lustige Egerländer Reime und Lieder auf Lager, die wir immer wieder hören wollen.

(Es sind alles Schweinereien, die ich besser nicht verrate!)

Eva und ich lieben das Egerländerische. Aber wir können es selbst nicht richtig sprechen. Um Freunde zu beeindrucken, üben wir einzelne Sätze und lassen sie dann bei Gelegenheit wie selbstverständlich fallen.

Openom spielen jeden Nachmittag stundenlang Karten. Eine Runde Canasta, eine Runde Rommé.

Fernsehen mit ihnen ist toll! Wir gucken Quizshows...

... und Hitparade ...

Oma schwärmt für Jürgen Marcus.

... oder Fußball! Da wird's oft laut.

Ich finde Fußball langweilig, aber Oma kribbelt meinen Rücken.

Opa ist ein lustiger Mann und immer guter Laune!

Er liebt gutes Essen...

...trägt Krawatten zum Anklipsen!

Im Badezimmer stehen interessante Sachen von ihm rum.

Beim Spielen sagt er komische Wörter!

Opa war nämlich im Zweiten Weltkrieg als Soldat an der Front:
Da wurde er von einer Kugel erwischt, die sein Herz nur knapp verfehlte!!
So kam er in Sibirien in Kriegsgefangenschaft.
Aber er hatte Glück: Als Rechtsanwalt und Notar wurde er in einer Schreibstube eingesetzt und freundlich behandelt.

Die Kugel ging <u>zweimal</u> durch seinen Körper!!

Oma kann toll stricken ...
Sitzt!
kratzt aber.
... und wunderbar kochen!
JAAA! BUAWATSFINKERLA!
aus Kartoffelteig mit zuckrigen Semmelbröseln – LECKER!
Sie hat es gern sauber und ordentlich.
12.9.77
Liebe Anke,
Halte Ordnung,
liebe sie,
Ordnung spart
Dir Zeit
und Müh!
Deine Oma
Mein Poesiealbum
Gern und oft zeigt sie uns ihre Hände und Füße:
So scheeina Fiaß hod ned jeda! Hob scho viel Komplimente im Leben dafür bekommen!
Wirklich sehr elegant.

Aber das Beste ist Omas „Worzn af der Nosen" – eine wabbelige Kugel, …

… die genau so gewachsen ist, dass ihre Lesebrille darauf einrastet und niemals verrutschen kann. Sehr praktisch!

FRÜHSCHWIMMER

ICH HAB DEN FRÜHSCHWIMMER!
Ja prima!
Nähst du mir das Abzeichen gleich auf den Badeanzug?

OOPAAA...
Ich hab den Frühschwimmer geschafft!
RÄTSEL
Vom Beckenrand gesprungen, eine ganze Bahn geschwommen und nach einem Ring getaucht!
Fein gemacht.

REGELN:

Beim Saunigeln wird ein kartenspiel im Kreis auf den Tisch gelegt. Eine Karte liegt aufgedeckt in der Mitte. Einer fängt an und zieht aus dem Kreis Karten, bis er das Symbol hat, das obenauf liegt. Die Karte ablegen und eine beliebige weitere hinterher. So geht es reihum, bis alle Karten im Kreis weg sind. Wer jetzt keine Karten mehr auf der Hand hat, hat gewonnen. Wer noch welche hat und nicht bedienen kann, muss die oberste Karte „fressen" (= aufnehmen). „Saunigel", der Verlierer, ist, wer als Letztes noch karten auf der Hand hat.

Muss ich fressen.
Oma, wie lang brauchst du denn noch?
Gleich fertig.
Uuund - letzte Karte!
ZACK

GEWONNEN!!!
Und Schluss.
Eva ist der SAUNIGEL,
Eva ist der SAUNIGEL!!!
So, der Badeanzug ist auch fertig!
Heh!

WAS... ?
OH NEIIIN!
?
HAHAHIHIHAA
SCHLUCHZ
Kann mir mal jemand erklären...
Gib mal.
AAAHUUUH
OOMAA! DOCH NICHT MITTEN AUFS MÖTZCHEN!!!

Ist doch schick! Du kannst ja dann den Freischwimmer und den Fahrtenschwimmer rechts und links auf die Busen nähen!
Und wo hätte ich ihn hinnähen sollen?
Na an die Seite, so wie das ALLE haben!
Los! Zieh mal an!
Blöde Kuh!
Was ist denn hier für ein Lärm?
Sooo peinlich.
Oh.
Nicht so schlimm. Ich bin gaaanz stolz auf dich! Jetzt machst du schnell den Freischwimmer, ja? Den nähen wir dann an der richtigen Stelle auf einen ganz neuen Badeanzug.

KATASTROPHE

Was war denn DAS?
?
is wohl irgendwas umgefallen...
KRACH
Komm, wir gehen mal nachsehen.
Klick
RUMPEL

KRACH
SPLITTER
Mami... Papi... was macht ihr denn da??

Meine Mutter sagt, dass mein Vater uns erklären soll, was hier los ist und dass er alles kaputt gemacht hat und dass er doch wenigstens an uns Kinder hätte denken sollen und sie redet die ganze Zeit und mein Vater sagt kein Wort und ich verstehe nicht, was sie meint, als sie sagt, dass unser Vater eine Freundin hat, ich hab doch auch Freundinnen?!

Aber meine Mutter ist ganz außer sich – so hab ich sie noch nie gesehen und ich will nur aufwachen und das soll alles vorbei sein. Aber es hört nicht auf und ich denke, ich will Trost haben,

aber hier gibt's gerade niemanden, der mich trösten kann, außer Eva ein bisschen, aber das reicht gar nicht und ich will hier weg und da sagt Eva zum Glück was, das doch ein wenig hilft und das ist:

Ja, wen haben wir denn da?

BARBIESALAT

FLÜSTER...
Abgemacht?
Weiß nicht. Ich trau mich doch nicht.
Oh Maann – war ja klar.
Du bist sooo langweilig!
Also gut. Ich mach mit.
JÄI!

OBST & GEMÜSE
Dann noch sechs Cox Orange, bitte.
Rosenkohl 1,50
Vier Bananen.
Wollt ihr lieber helle oder dunkle Trauben?
Helle bitte, Mammi!

Und ein Bund Petersilie noch.
ZAP
Darf's sonst noch was sein?
Danke, das war's.
Wiedersehn.
CHRCHRR hihi
Macht ihr euch schon wieder über den Gemüsemann lustig?
Hihi
PFFF..
chchr,

Gibt ein feines Salätchen.
Wie süüß!
Sieht genau aus, wie ein Mini-Baby-Salatkopf!
Heute gibt es nur was Leichtes, Ken. Ich muss auf meine Linie achten.
ZUPF ZUPF
Ganz köstlich, Schatz!
Küss mich!
In zehn Minuten gibt's Abend-essen!

Wo habt ihr denn das Grünzeug her?
Das ist doch Rosenkohl!!
schnüffel
Habt ihr den etwa vorhin beim Gemüse-mann gemopst?
Das ist DIEBSTAHL!
Wir gehen jetzt gemeinsam noch mal zum Laden...

Und ihr sagt dem Gemüsemann, was ihr gemacht habt!
Bitte nicht!
Wir machen das auch nie wieder - versprochen!
Da gibt es nichts zu verhandeln.
MANNO.
Los, jetzt komm!
VIVO
OBST & GEMÜSE
Du musst es sagen. Du hast den ja auch genommen.
Du spinnst wohl ?! War doch DEINE Idee!

Auf jetzt.
Na? Was vergessen?
Die beiden haben was zu sagen.
Wir haben vorhin...äh...
...einen Rosenkohl ...
gestohlen!

Is ja allerhand!
Und was wollt ihr mit einem Rosenkohl, wenn ich mal fragen darf??
Einen klitzekleinen Salat machen.
Für die Barbies.
HAHAHAHA... das is gut!
Aber nächstes Mal...

Einfach fragen!
OKEEH!
Erster vorne an der Ecke hat gewonnen!

BLACKY & STUPSI

Eines der süßen kleinen Kaninchenbabys <u>hasst</u> seinen Vater!
Immer wieder beißt es den armen Stupsi.

Eines Nachmittags bin ich ganz alleine bei den Kaninchen.
Blacky sieht furchtbar einsam aus.
Und die anderen hoppeln fröhlich zusammen rum.
Ich weiß, ich darf Blacky AUF KEINEN FALL zu ihnen lassen!!!
Aber er sieht doch so traurig aus...
und überhaupt nicht böse!
Also pass auf, Blacky! Wenn du versprichst, ganz ganz lieb zu sein und Stupsi nicht zu beißen...
...dann geb ich dir noch eine Chance!
Ihr müsst beide SCHÖÖÖN brav sein und euch vertragen!

Zuerst öffne ich das große Gehege.
Dann hebe ich Blackys Käfig vorsichtig an...
OH NEIN!
HILFEEE!
ZACK
HAPS

HÖRT DOCH BITTE AUF!!
SCHNAPP
BLUT!
Wie konnte DAS passieren?
Ich hab gedacht, sie vertragen sich vielleicht doch!

Stupsi hat es böse erwischt. Blacky hat ihm die Nase abgebissen!! Sie hängt nur noch an einem Fellfetzen und lässt sich hochklappen!

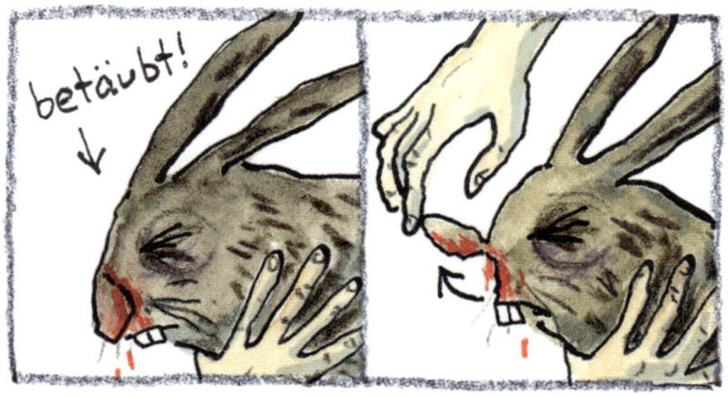

Mein Vater hat Blacky im Wald ausgesetzt. Wenn ich mir das kleine Kaninchen so ganz verlassen vorstelle, hab ich ein sehr doofes Gefühl im Bauch.

ELTERNFRISUREN

Meine Eltern sehen sehr gut aus und haben besondere Frisuren!

Meine Mutter wäscht ihre Haare nur sehr, sehr selten. Wenn es dazu kommt, ist das anschließende Frisieren aber extrem aufwändig!

Sie braucht dazu solche Lockenwickler und Haarnadeln:

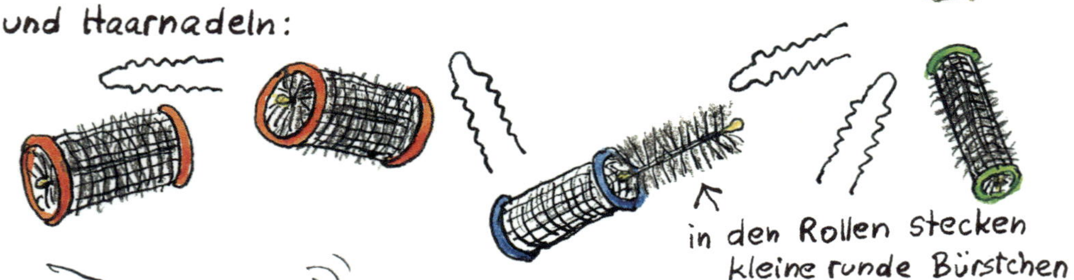

Sie wickelt die Haare in Strähnen drum herum. Es dauert ewig, bis alles aufgerollt ist.

Wir dürfen zugucken und Wickler anreichen.

Wenn sie damit fertig ist, sieht sie ein bisschen außerirdisch aus, was sich noch verstärkt, wenn sie als Nächstes für <u>mehrere Stunden</u> unter der Trockenhaube sitzt.

Viel später holt sie die Wickler wieder raus, rubbelt mit einem Kamm in den Haaren herum und bürstet dann alles schön in Form.

Und zum Schluss ... noch gaanz viel HAARSPRAY!

Wie und wann mein Vater seine Pilzfrisur zaubert, bleibt uns verborgen. Ich weiß nur, dass er auch <u>sehr viel</u> Haarspray dafür braucht.

Mehrere große Dosen stehen im Elternbad →

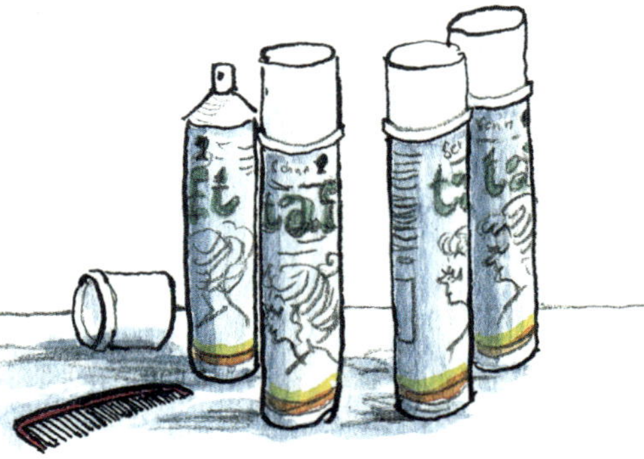

Ganz selten sehe ich, wie der Pilzkopf nass wird und in sich zusammenfällt. Zum Beispiel im Schwimmbad.

sowieso schon komisch: ohne Brille!

Mein Vater wird dann ein anderer Mensch!!

Er sieht so seltsam aus und wir müssen sehr lachen.

Obwohl er das eigentlich überhaupt nicht leiden kann, muss ich immer mal an seine Frisur dranfassen. Es fühlt sich an wie sehr feste Zuckerwatte – außen eine dünne härtere Schicht und innen weich.
KRKS
Wenn ich zu feste drücke, ist eine Delle drin.
OH NEIN!
Dann ist alles hin.
Bei der Frisur versteht mein lustiger Papi keinen Spaß.

DAS SCHRECKLICHE QUÄLSPIEL

Das Quälspiel haben wir selbst erfunden. Die Regeln sind rasch erklärt: Von einem Stapel Spielkarten zieht jede eine Karte. Wer die niedrigste Karte hat, wird von den anderen irgendwie gequält.

Iiiihh-letztes Mal die ganze Tube gammelige Fischcreme in Tamaras Gesicht...
MISCH
Ich will doch nicht...
Nix da! Alle machen mit!
Anke fängt an!
Pokerface

UUUUND... 1... 2...... 3!
ZACK
NEIN!! BITTE NICHT!
Hähä
UFF!
Puuh...
HAHAHA
HAHA
HIHIHIHI

Es ist fürchterlich,
die zu Quälende zu sein ...
... aber es fühlt sich super an,
gemeinsam was Schlimmes
auszuhecken.
LOS, Beratung!
Kicher
Kicher ...
Also ...

Du musst ZEHN SEKUNDEN in die STINKVASE atmen - TIEFE ZÜGE durch die Nase!
Ich wusste es.
Die gefürchtete STINKVASE steht schon lange im Hobbyraum. In ihrem Inneren hat sich eine schmierige Schicht aus vermodertem Blumenwasser abgesetzt, die unbeschreiblich eklig riecht!
STINK
MÜFFEL
MODER
Nase TIEF REIN und wir zählen langsam bis zehn...
Luft anhalten gildet nicht!
UUUND...
... LOS!
Ich sterbe.

1 .... 2 ..... 3 ....
4 ..... 5 .... 6 ...
.. 7 ... Atmen nicht vergessen ... 8 ...
... 9 ...
... 10!
Geschafft!
Mir is so übel.

Au weia, du bist ja ganz blass!
Wir spielen dann jetzt was anderes, gell?
Auf gar keinen Fall!
NÄCHSTE RUNDE!

STRUMPFHOSEN

LEISTENBRUCH

Ich die Anke.
Und ich die Eva.
Am besten direkt ins Krankenhaus!
Ich bring Sie noch zur Tür...
Später im Krankenhaus
Also, so schlimm kann's gar nicht sein. Nimm dir mal ein Beispiel an deiner kleinen Schwester. Die jammert hier nicht rum.
AUA AUA

Also, Kind, du musst schon kooperieren! So kann ich dich ja gar nicht untersuchen.
So, und wo genau soll es da bitte schön wehtun??
Ich muss kotz....
Drück
HIMMEL!
KOTZ WÜRG
Tja, das ist in diesem Fall kein Leistenbruch, sondern eine akute Blinddarm-entzündung.
Muss sofort operiert werden.

Und Ankes Leistenbruch?
Ein Leistenbruch muss IMMER operiert werden!!!
Kommt mal mit - ich bring euch auf euer Zimmer.
So, dich nehme ich gleich mit in den OP.

Du brauchst keine Angst zu haben. Die kümmern sich gut um Eva.
ICH hab doch was viel Schlimmeres als die Eva!!
Nein, das ist nicht so schlimm mit deinem Leistenbruch...
LÜG MICH NICHT AN!! Der Arzt hat gesagt, ein Leistenbruch muss IMMER operiert werden!

Ja, und?
Mami, Mami!... SCHLUCHZ... das ist doch kein schönes Leben mehr!!
Nie wieder spielen, rumhüpfen ...
Aber Schätzchen! Er wollte damit doch bloß sagen, dass ein Leistenbruch nur dann wieder heilt, wenn man ihn operiert. Das heißt aber doch nicht, dass du den Rest deines Lebens auf dem Operationstisch verbringen musst!!
Nicht?
Aber nein!
PUUH.
Ein Glück.

EISESSEN

Anke, Eva – im Gefrierfach sind noch zwei Eis am Stiel! Könnt ihr euch holen.
WISCH
GRABSCH

Schleck
Beiss
Kau
Schleck
Leck
Happs
ERSTER!

Pff...
Schleck
Ich hab jetzt gar nix mehr und du noch fast das Ganze...
Ja und? Hättest du deins halt nicht wieder so runtergeschlungen!
Ich hatte sooooo Hunger!
Nur noch einmal lecken?
NEIN.
BÜTTE!

Aber nicht wieder abbeißen!!!
Nee
Na gut.
HAPPS
KNACK
MANNOOO! Du fiese Kuh!
MAMMIII! Die Eva hat ein riesiges Stück von meinem Eis abgebissen!!!
Petze!
Könnt ihr euch nicht ein Mal vertragen beim Eisessen?

DER UNFALL

Meine Mutter sagt oft:

Eva und ich erinnern uns mit Schrecken daran, wie es war, als spätabends der Anruf von der Polizei kam.

Erzähl doch noch mal genau, wie das war mit dem Unfall, Mami!
Ich bin spätabends auf dem Weg von Freunden nach Hause auf einer sehr kurvenreichen Landstraße gefahren ...
... Es hat geregnet und an einer besonders engen Biegung war ein Ölfilm auf der Straße, der sie gefährlich rutschig machte. Ich kann mich nicht daran erinnern, aber ich muss auf die Gegenfahrbahn geraten sein, auf der mir ein Mercedes entgegenkam.
Wir sind frontal zusammengeknallt!
KRACH
BUMM

Der Mercedes war nur leicht beschädigt und der Fahrer unversehrt. Aber mein Polo war so zerquetscht und verbeult, dass die Feuerwehr den Wagen aufschneiden musste, um mich herauszuholen.

Als die Rettungssanitäter mich aus dem Auto zogen, war ich „klinisch tot"! Das heißt, mein Herz hatte aufgehört, zu schlagen.

Ich bin aus meinem Körper herausgefahren und nach oben geschwebt.
Da war ein ganz helles Licht, auf das ich zugeflogen bin.
Es war eigentlich sehr schön. Und ich hatte überhaupt keine Schmerzen.

Ich habe dann die Unfallstelle von oben betrachten können.
Ich sah mich selbst auf der Bahre liegen und wie die Sanitäter versucht haben, mich wiederzubeleben.
Ich konnte hören, was sie sagen!!
Nicht nachlassen! Und.... JETZT! Feste pressen!
DRÜCK PRESS
... sieht bös aus!
Dabei warst du doch tot!!
Ich weiß noch, dass wir dich dann viele Tage lang nicht besuchen durften, weil du so schwer verletzt warst!

Das war schlimm, nicht zu dir zu können.
Aber ihr habt mir viele süße Briefe geschrieben und gemalt. Die hab ich alle auf-gehoben!
Das war ein richtiges Wunder, dass ich überlebt habe und fast alles wieder ganz verheilt ist.
Nur manchmal verschluckst du dich noch so komisch beim Essen!
Wegen der Narben von der Verletzung in der Speiseröhre!
Ich bin ja soo froh, dass sie dich wieder lebendig gemacht haben, Mami!

TELEFONSTREICHE

Meine liebste Schulfreundin heißt Tamara. Ich gehe gerne nach der Schule mit zu ihr, wenn ihre Mutter länger arbeitet.
Dann sind wir ganz allein zu Hause!

Tamara spricht mit verstellter, dunkler Stimme:

.....
CHRRCHR
Hrmhm, räusper
Vielleicht hat ja Ihre Frau was für Sie ausgefüllt?
Also, wir bringen Ihnen jetzt das Schaf!
Gerda, weißt du was von nem Schaf?
Das Schaf ist schon im Laster. Um zwei sind wir bei Ihnen.
Bereiten Sie alles vor! Das Schaf braucht Wasser und Gras!

klick
Aufgelegt.
Zuerst hat er's wirklich geglaubt!
Du klangst aber auch sehr echt und erwachslich!
Jetzt du!
komm, wir rufen bei der komischen Frau Nohl an!
Jaa! Gute Idee!

Blätter
Nagel, Nebel.... hier! NOHL ... 33172.
TIPP TIPP TIPP
tuuut......tuuuut......tuuuut
Ja bitte? Nohl hier?
Ich spreche piepsig wie ein Kleinkind:
Hallo, hier is de Margot, is de Mamma bei dir?

Wer ist da? Margot? Welche Margot?
Chrrch
Hihi kicher
Die Mama hat gesagt, sie is bei dir und ich soll die Nummer wählen, wenn was is …
Und ich bin hier jetzt ganz alleine …
Haha hihi
… und ich hab solche Ahahaaangst! BUUHUU!
ANKE? Bist DU das?
ZACK

Haha
PRUST
HAHAHAHA
HIHI
HAHAHA
HIHIHI
HAHAHA
HAHAHAHOHIHAI
HAHAHA
HIHI
HAHI
PUUH
Komm, wir schauen mal, was im Kühlschrank ist!

GIMMI GIMMI GIMMI
(Ä MÄNAFA MITLEID)

Seit ich denken kann, ist auch Annette da. Sie ist so oft bei uns, dass es sich fast so anfühlt, als hätte ich noch eine Schwester.

Annette und ich sind genau gleich alt. Wenn wir zu zweit sind, spielen wir am liebsten ABBA.

Annette darf immer Agnetha sein und ich bin Frida. Ich finde das sehr großzügig von mir, weil Agnetha ja eigentlich die Hübschere ist.

Unser Abbaspiel ist nur für Annette und mich! Aber Eva und Tamara mögen die Musik auch.

Bereit?
Ja.
Ja.
Ja.
KNIRSCH
Dndnde de dndnde de dndnde de dndnde
dndnde de dndnde dndnde de dndnde
schnipp
schnips
schnips
schnipp

Streicher:
Flöt flöt
Füdeldüd düdeldü...
Füdeldüt füdel düdeldüdeldüüü

Harf paas well
än Arm wotschinge
leitschong
än mei Fläh tonelong
Hau Ei Hey tu
spengsi iwning
on mei Ohren.
Itz nodde Sau Au där
Nauwontu hier mei Puääääh!

GIMMI GIMMI GIMMI
ä Mänafa Mitleid
wonnsomm Badi helpi tscheisse schädohs ä Wäääh!?
....Fade out...
HAHAHIHA
Oh Manno, Tamara!!

SCHÖNER SCHMERZ

Mein Vater nimmt uns manchmal im Auto mit zur Schule.

UUuhh Baby, du fehlst mir sooo
Schallalalala ... Baby Baby ... in deinen Auuugen ... Uuhuu ...
Schallalalala ... ist die Liebe mehr als nur ein Wort
... Uhuuu ... und du bist fort ... Schallalala ...
... doch es ist ein schöner Schmerz, Baby ... ein SCHÖÖÖNER SCHMERZ!!!
Schallala ... uuhuu ... ein SCHÖÖÖNER SCHMERZ ...

Baby uuhuu... der schööne Schmerz der Liiiebe
So was Blödes: „Schöner Schmerz"! Das gibt's doch gar nicht!
Uuh Baby Baby
Schallalalala
Wie kann denn ein Schmerz schön sein?
Der spinnt ja wohl'n bisschen...

Düdüdüdüt. Düt. Düt... Düüüüt...
...Acht Uhr. Die Nachrichten.
DOCH! Ich weiß jetzt!
BONN...
Mach mal das Radio leise!
Wenn man am Morgen in die Schule gehen und eine Mathearbeit schreiben muss und plötzlich tut einem was weh und man kann zu Hause bleiben...

DAS ist dann ein „SCHÖNER SCHMERZ"
Schöner Schmerz - das ist, wenn man traurig ist und es ist doch auch irgendwie schön. Das kann's geben!
So, da wären wir. Aussteigen, ihr Äffchen!

Jetzt warte doch mal auf mich!

INHALT

VIELEN DANK
Monika, Micha und Florian,
Martin, Lasse, Julie und meine Laborfamilie
für eure Geduld und eure Unterstützung!

„MANNO!“ wurde gefördert von der
Stiftung Kulturwerk der VG Bild-Kunst, BONN,
und ausgezeichnet mit dem Comicbuchpreis 2019
der Berthold Leibinger Stiftung.
Auch dafür: DANKE!

6. Auflage 2024

Umschlag, Layout, Illustration, Text und Lettering: Anke Kuhl
Redaktion: Michael Groenewald und Monika Osberghaus
Herstellung und Satz: Florian v. Wissel, hoop-de-la design, Köln
Druck und Bindung: Livonia Print, Riga
Erschienen bei: Klett Kinderbuch GmbH
Richard-Lehmann-Straße 14, 04275 Leipzig
info@klett-kinderbuch.de, www.klett-kinderbuch.de
Printed in Latvia

ISBN 978-3-95470-218-3

MIX
Papier | Fördert gute Waldnutzung
FSC® C002795